Lb 41/1237

LIBERTÉ, ÉGALITÉ,

OU LA MORT.

MÉMOIRE
JUSTIFICATIF

POUR *François* BARJAVEL, ex-Accusateur public près le Tribunal criminel du Département de Vaucluse ;

Aux Représentans du Peuple composans le Comité de Sûreté Générale.

ARRÊTÉ le 12 fructidor, en vertu d'un ordre du représentant du peuple Goupilleau de Montaigu, je suis traduit devant vous en exécution de ce même ordre.

Dans toutes les crises de la révolution, j'ai été en but aux persécutions de ses ennemis. Ils m'ont appellé successivement *brigand*, *maratiste*, *hébertiste*, ils me nomment aujourd'hui *continuateur de Robespierre*.

Né à Carpentras, dans un pays qui faisoit partie des états du prêtre à triple couronne, je

A

n'avois rien avant la révolution, une femme sans fortune & deux enfans sont aujourd'hui toutes mes richesses. En 1789, j'ai écrit contre les abus de la cour d'Italie, j'en ai sollicité le redressement. En 1790 j'ai contribué puissamment à faire expulser de chez nous l'envoyé du tyran mitré. (Ces faits peuvent être certifiés par le représentant *Martinel*, j'ai coopéré avec lui à asseoir la liberté dans nos contrées.) En 1791, & au commencement de 1792, j'ai été proscrit, insulté, honni, menacé, frappé par les suppôts du papisme, pour avoir manifesté, comme électeur, le vœu de réunion du ci-devant Comtat à la France.

En 1793, dans le mois de mai, j'ai été précipité de la tribune de la société populaire par les partisans du fédéralisme, les officiers du bataillons d'Aix alors en garnison à Carpentras, pour avoir parlé contre les sections de Marseille, pour m'être récrié sur le crime commis par ces officiers qui, ce jour-là, avoient déchiré & foulé dans la boue une proclamation anti-fédéraliste des représentans *Moïse Bayle* & *Boisset*, alors en mission dans ce département. Les républicains de Carpentras, & notamment les citoyens Flandrin, receveur du district, & Cron, officier municipal, peuvent certifier la vérité de mon assertion. Je ne dus, à cette époque, la conservation de mes jours, qu'à la célérité de ma fuite & au soin que j'eus de me cacher.

J'ai contribué à fonder, à installer, à épurer

ensuite la plupart des sociétés populaires du district de Carpentras ; les républicains des communes de Cecile - la - Montagne, de Caromb, de Pernes, de Monteux, &c. peuvent le certifier.

J'ai toujours obtenu la confiance du peuple. Dans toutes les assemblées primaires j'ai été nommé président ou secrétaire. J'ai été élu & confirmé électeur à quatre différentes époques. J'ai été successivement secrétaire du district, commissaire national, & accusateur public. J'ai servi la république dans toutes ces places, j'en appelle à mes concitoyens, non à ces royalistes qui n'ont pris le masque du patriotisme que pour s'enrichir & pour tyranniser leurs semblables, mais aux amis des principes, aux républicains de nos contrées.

J'habite Avignon depuis le 4 septembre 1793 (v. st.), mes fonctions d'accusateur public près le tribunal criminel du département de Vaucluse ont nécessité mon domicile dans cette commune. Les maux qui l'affligeoient ne tardèrent pas à m'être dévoilés. J'appris qu'une société de voleurs y achetoit exclusivement tous les biens nationaux, & vivoit au cabaret du produit de cet agiotage. J'appris que plusieurs administrateurs du district, & le procureur-général-syndic, *Duprat aîné*, partageoient ces dilapidations, les toléroient, & vendoient leur complaisance en achetant ou en faisant acheter pour leur compte, à moitié prix & même au dessous, des biens nationaux d'une valeur très-conséquente. J'appris

A 2

que cette société avoit donné naissance à d'autres qui s'étoient formées dans les autres communes du district, & que ces dernières avoient acheté de la société primitive le pouvoir de faire des offres sans qu'elles fussent surdites par les sociétaires avignonois. J'appris que les estimateurs des biens nationaux étoient choisis par le district parmi les sociétaires, & que la république avoit déjà perdu plusieurs millions par cette monopole. (Les preuves de tous ces crimes ont été acquises au représentant du peuple *Maignet*, & je les ai déjà dénoncés dans le mois de pluviose aux comités de salut publique & de sûreté générale.)

Un tel état des choses excita mon indignation; je voulus prévenir les maux incalculables qui en étoient la suite inévitable. Je fus, avec le président du tribunal criminel, communiquer mes sollicitudes aux représentans *Rovere* & *Poultier*, alors à Avignon, & leur demander de faire cesser ces brigandages. *Rovere* me répondit que le mal étoit trop grand pour qu'ils pussent eux-mêmes y apporter le remède efficace, & que son collègue *Poultier*, de retour à Paris, dénonceroit ces vols à la convention & l'engageroit à prendre des moyens pour les faire cesser. Le représentant *Poultier* fit, il est vrai, ce que son collègue nous avoit promis, mais dans ce temps-là *Rovere* acheta, par l'intermédiaire des sociétaires, & étant présent lui-même à la délivrance, un effet national au terroir de Sorgues, pour le prix de quatre-vingt-dix mille livres. Cet effet, traversé par les eaux de la Sorgue, est susceptible, moyennant de légères dépenses, d'améliorations considérables, on peut y établir des moulins & des manufactures.

Quelques jours après, le citoyen Moureau, dont l'intégrité & le patriotisme sont généralement connu, fut arrêté en vertu d'un ordre du représentant *Poultier*, de retour alors à la convention, de sa mission dans le département de Vauclufe. Je ne vis dans cette arrestation qu'une vengence de *Rovere*. Moureau, dans le Courier d'Avignon, dont il étoit le rédacteur, avoit parlé de la protection accordée par ce représentant aux ci-devant nobles, aux contre-révolutionnaires, qu'il avoit fait élargir.

A cette même époque il existoit à Avignon un comité départemental de surveillance créé par *Rovere*, Rochetain, nommé maire par ce représentant, en étoit en même temps le président. Ce comité laissoit les ci-devant nobles, les parens d'émigrés tranquilles chez eux, les faisoit mettre en liberté lorsqu'ils étoient arrêtés par les comités de surveillance établis dans les communes, (l'agent national du district de Carpentras pourra le certifier) & se bornoit à faire renfermer quelques artisans.

Dans le lieu des séances de la société populaire je pris ouvertement la défence des patriotes persécutés; j'invoquai, avec les autres bons citoyens, l'exécution littérale de la loi du 17 septembre;

je tonnai contre les dilapidateurs de la fortune publique. L'énergie que j'ai déployée m'a valu, de la part de ceux qui s'obstinent à persécuter les patriotes, & à protéger les suspects, & de la part des voleurs, la qualifiquation d'*agitateur*, qu'ils renouvellent aujourd'hui contre moi.

Le 13 ventose on voulut, dans la société, encenser le représentant *Rovere* ; je rappelai les principes, j'invoquai l'ordre du jour sur les flagorneries. Le lendemain les patriotes *Laruelle*, *Robineaux*, *Quinche* & *Moutet* furent, d'après les ordres arbitraires de Jourdan, chef d'escadron de la gendarmerie, arrêtés dans le sein même de la société populaire par vingt gendarmes, à la tête desquels étoient *Chauffy*, lieutenant : *Quinche* & *Moutet*, chargés de venir solliciter, au nom des sociétés populaires d'Avignon & d'Orange, l'élargissement de Moureau, étoient depuis peu de retour de leur mission. L'épouse de Robineau, enceinte de six mois, fit entendre des cris, elle fut frappée par les gendarmes. Ces mêmes hommes vinrent pour m'arrêter, je n'évitai cette persécution, je ne me suis soustrait à cette tyrannie que par la fuite. Les scellés furent apposés sur nos papiers d'après les ordres de la municipalité d'Avignon, & cette même municipalité, dont Duprat étoit le meneur, reçut contre moi des dépositions pour constater ce que j'avois dit la veille dans la société populaire. Notre arrestation avoit été arrêtée dans une tabagie, chez *Jourdan*, par ce dernier, *Duprat* l'aîné, *Rochetain*, maire, le prêtre *Trie*, préfident du diftrict, & les lieutenans de la gendarmerie nationale *Tiran* & *Chauffy*, qui furent chargées de l'exécution.

La nouvelle de cette arreftation, parvint au repréfentant *Rovere* quelques jours après les fuplices des *Hébert* & des *Roncin*. Ce repréfentant me dépeignit alors à la convention nationale comme un de leur complices ; cette calomnie fut relevée par la fociété populaire d'Avignon, qui fit connoître les faits dans une adreffe à la repréfentation nationale. (je joins ici les pièces qui conftatent la vérité de ce que j'avance) Cependant le repréfentant Maignet, fit mettre en liberté les patriotes perfécutés, il s'informa alors de notre conduite, il pourra vous inftruire du réfultat de fes recherches contre moi.

La véritable fituation d'Avignon, les maux qui affligeoient cette commune furent connus à ce repréfentant. Il a fait arrêter les tréforiers de la fociété dilapidatrice des biens nationaux, les adminiftrateurs qui avoient tolléré & partagé ces brigandages, il a fait arrêter à Orange des hommes qui, faifant de la révolution une objet de fpéculation pécunière, fe faifoient redouter de tous, pour vendre enfuite fort cher leur protection aux ennemis de la république. Les comités de furveillance épurés, par ce repréfentant, ont de leur côté fait mettre en état d'arreftation les royaliftes, les fédéraliftes, les affaffins des patriotes, & ceux qui étoient dans le cas de la loi du 17 feptembre ; à cette même époque, *Jourdan*, *Tiran* de l'ifle & *Duprat* l'aîné ont été arrêtés, d'après des mandats du comité de sûreté générale. Les aristocrates, les fédéralistes ont été jugés, la plus part, par la commission populaire établie à Orange. Comdamné par jugement du tribunal révolutionaire, Jourdan à péri sous le glaive de la loi. Tous les autres, après la révolution des 9 & 10 thermidor, se sont dit patriotes; ils ont appellé *continuateurs de Robespierre* les sans-culotes, qui veulent sincérement le triomphe de la liberté & des principes; ils ont crié *à la calomnie*, ont obtenu leur élargissement & ont provoqué du représentant Goupilleau, l'ordre en vertu du quel j'ai été traduit du midi au nord de la république pour comparoître devant vous. Ces hommes qui sont familiers à tous les crimes parlent de vertu, & il n'est pas surprenant qu'un représentant, nouvellement venu dans ces contrées, & qui n'a pas pû juger encore par leurs actions, les ennemis du peuple qui s'empressent à l'entourer, ait ajouté foi à leurs délations calomnieuses.

J'ignore celles qui me concernent, la lecture de mon mandat d'arrêt, & de quelques panflets répandus dans le public pour empoisoner l'opinion, à pû seule m'instruire des griefs que m'imputent les ennemis de la patrie.

Il est énoncé dans mon mandat que je suis *prévenu d'avoir agité la commune d'Avignon depuis six mois, d'avoir dit dans la société populaire qu'il faloit du sang & du sang, & d'avoir voulu réduire à dix les patriotes d'Avignon & de Carpentras*.

Toutes ces accusations sont vagues, invraissemblables, je vais les refuter & y répondre par des faits.

Il étoit de mon devoir de fréquenter les sociétés populaires, j'ai rarement manqué les séances de celle d'Avignon. La, j'ai sans cesse développé avec mes frères les sentimens patriotiques qui animent les républicains ; dénoncer les abus, rappeller aux autorités constitués l'exécution des loix qu'elles négligeoient, ranimer le patriotisme des tiedes, ralentir l'ardeur ultra-révolutionaire de quelques-uns, rappeller aux principes ceux qui s'en écartoient, telle a été la tache que j'y ai rempli avec les autres bons citoyens d'Avignon : est-ce là agiter la commune !... C'est inquiéter les ennemis du peuple, c'est déranger leurs spéculations & leurs complots, & les ennemis du peuple ne pardonnent jamais aux patriotes, ce qu'ils font pour le maintien de nos droits. Qu'on consulte les registres de la société, je ne veut pas d'autres juges.

On me dépeint comme un sanguinaire, on m'accuse d'avoir dit qu'il faloit du sang & du sang. Dans toutes mes actions, j'ai constamment eu en vue le bonheur de l'humanité, j'ai dit, j'ai pensé qu'il faloit que le sang impur fut répendu par le glaive de la loi, pour que celui du peuple fut épargné, ma haine contre le méchant ne tire son origine que de l'humanité, j'ai combatu le sistême homicide de ses hommes qui se taisent sur la mort de nos guerriers expirants à la Vendée & sur les frontières sous les coups des royalistes, & qui gémissent sur le suplice des contrerévolutionaires de l'intérieur, j'ai parlé en public & en particulier contre la barbarie de ceux qui voulaient laisser dans la société, les ennemis prononcés du régime républicain. Ce que j'ai dit je le pense & je le penserai jusqu'à ce que le peuple soit délivré de tous ses ennemis, de tous ceux qui aspirent à lui donner des fers.

Ami du peuple, je l'ai constamment été de l'individu. Les prisons d'Avignon étoient mal saines, le condamné à la réclusion y étoit confondu avec le prévenu sur lequel la loi n'avoit pas prononcé encore, des cachots, créés par les Italiens, étoient ouverts aux accusés de vol & à l'indigent : mes premières démarches en ma qualité d'accusateur public ont été pour reclamer la salubrité des prisons ; qu'on consulte les lettres que j'ai écrit à cet effet à l'administration du département de Vaucluse ; les cachots ont été murés d'après mes sollicitations.

Une femme âgée de 24 ans, fut dernièrement condamnée pour crime de vol, à douze années de réclusion dans la maison de force. Elle se dit enceinte de trois mois ; d'après son jugement elle devoit rester exposée pendant six heures aux regards du peuple ; je requis que cette exposition n'eut lieu qu'après son accouchement, & qu'il fut écrit au comité de législation pour que la peine qui d'après la loi, ne pouvoit dater que du jour de l'exposition datât de celui du jugement, & pour provoquer une loi à ce sujet. Le tribunal criminel fit droit à ma requisition ; sont-ce-là les démarches d'un sanguinaire.

J'ai voulu dit-on *réduire à dix les patriotes dans les communes d'Avignon & de Carpentras.* Que je ferois insensé si je m'étois rendu coupable d'un pareil crime ! Mais quelles démarche me prête-t-on pour parvenir à cet attentât nationalicide? je l'ignore, on n'en cite aucune dans le mandat ; ce qui est vrai, ce qui peut être attesté par tous les bons citoyens de ces deux communes, que j'ai le plus long-temps habitées depuis la révolution, c'est que j'y ai constemment propagé l'instruction par mes écrits & par mes discours, c'est que j'ai toujours prêché le pardon des égarés, c'est que j'ai sans cesse contribué de tout mon pouvoir à faire des sectateurs à la révolution : les ennemis du peuple étoit nombreux dans le département de Vaucluse, j'ai gémi sur leur grand nombre & pour prévenir les maux de la patrie, j'ai coopéré avec les bons citoyens à opposer le peuple à ses ennemis ; à ces fins, j'ai combatu le système des flagorneurs qui vouloient déifier les hommes, j'ai démasqué les dominateurs, je me suis constemment opposés à leur système égaliticide. Plusieurs cultivateurs n'étoient pas encore reçus dans la société populaire d'Avignon, ils réclamerent, j'apuiai leurs demandes & sur ma proposition, un comité de douze fut nommé pour proposer à la société ceux qui demanderoient à y être admis. Les patriotes s'étoient récemment désunis à Carpentras, l'aristocratie s'en réjouissoit, j'ai été le 10 fructidor dans cette commune, & j'ai prêché efficacement la réunion parmi les sans-culotes. est-ce-là vouloir réduire à dix les patriotes de Carpentras & d'Avignon ?

Dans un pamphlet, signé *Rochelin*, *Trie*, *Beridon*, *Galdebaze*, *Blahié*, *Souchon*, on avance que j'ai dirigé les opérations de la commiſſion populaire d'Orange, qu'on appelle ſanguinaire, & les ſignataires m'accuſent d'avoir été un des auteurs de leur traduction à Orange. Cette commiſſion a été ſévère envers les ennemis du peuple, indulgente pour les égarés, juſte envers tous, aucun patriote n'y a été victime de la haine du méchant, le faux témoin y a été jugé & puni. Le peuple d'Orange, ſpectateur des jugemens, a applaudi à tous; la ſociété populaire de cette commune a atteſté ce que j'avance par une circulaire que j'ai entendu lire dans la ſociété d'Avignon. J'ai reſté pluſieurs décades auprès de cette commiſſion; j'y étois en exécution d'un arrêté du repréſentant *Maignet*, du 18 prairial, qui me chargeoit de porter & de remettre à l'accuſateur public près cette commiſſion tous les papiers qui conſtatoient les crimes des fédéraliſtes & des contre-révolutionnaires du département de Vaucluſe & de claſſer ces papiers ſur chaque genre de délit (je joins ici cet arrêté) Je me ſuis occupé de ce travail dans le greffe de la commiſſion; je ne me ſuis jamais permis de parler aux juges ſur tel ou tel prévenu. La tranſlation dans les priſons d'Orange, des ſignataires du panflet, ordonnée par l'accuſateur public près la commiſſion, & exécutée le 17 thermidor, eſt une ſuite des opérations de ce Tribunal; les ſignataires étoient accuſés & détenus, ils devoient être jugés, pour être mis en liberté, s'ils étoient trouvés innocens, comme ils affirment l'être.

Les mêmes hommes qui m'accusent aujourd'hui, m'ont persécuté après le suplice des *Hébert* & des *Roncin*. Je m'honore de leur haine; je leur répondrai, en leur prouvant par mes actions, que je n'ambitionne que le triomphe de la liberté; il ne peut s'asseoir que par l'union des bons citoyens, par la destruction des méchans, & par le sacrifice de nos passions & de nos haines personnelles. J'ai souffert pour la cause du peuple.... Je suis satisfait.... Je réclame mon élargissement pour continuer à le servir.

F. BARJAVEL.

Le Représentant du Peuple, envoyé dans les Départemens des Bouches-du-Rhône & de Vaucluse.

Instruit qu'il existe au greffe du tribunal criminel de ce département une multitude de pièces qui doivent dévoiler aux yeux de la nation entière une foule de délits & une multitude de conspirateurs; que ces différentes pieces ont été examinées en partie par l'accusateur public, dans un temps où le tribunal croyoit que la loi lui imposoit le devoir de juger ces traîtres; qu'il devient dès-lors important qu'il soit chargé de veiller lui-même à la translation de ces différens actes, d'en faire remise à l'accusateur public, près la commission populaire, établie à Orange, & de lui transmettre tous les renseignemens qui lui avoient été donnés dans un temps où il s'occupoit de poursuivre la punition de ces criminels.

Arrête que tous les actes, pièces, notes & documens, qui peuvent se trouver au greffe du tribunal criminel du département de Vaucluse, contre des hommes prévenus de délits contre-révolutionnaires, seront transférés de suite à Orange.

Ordonne que cette translation sera faite par les soins & sous la surveillance de l'accusateur public du tribunal.

Ordonne également qu'il restera auprès de l'accusateur public de la commission pendant tout le temps nécessaire pour classer ces différentes pièces dans la série des délits qu'elles indiquent, & lui fournir les instructions & renseignemens qu'il avoit acquis dans le temps qu'il s'occupoit de mettre en jugement les prévenus.

Ordonne aussi que les dépenses & frais de voyage qu'il fera lui seront remboursés par le receveur de ce district, sur l'état qu'il présentera & qui sera ordonnancé par la commission populaire.

Fait à Avignon, le dix-huit Prairial l'an second de la république françaíse une & indivisible.

MAIGNET.

De l'Imprimerie de QUILLAU, rue du Fouarre, N°. 2, Section du Panthéon François.

www.ingramcontent.com/pod-product-compliance
Lightning Source LLC
Chambersburg PA
CBHW070545050426
42451CB00013B/3185